Karl Beck

Jadwiga

Gedicht in elf Gesänge. Zeit: Ein Jahr nach dem Falle Warschau's.

Karl Beck
Jadwiga
Gedicht in elf Gesänge. Zeit: Ein Jahr nach dem Falle Warschau's.

ISBN/EAN: 9783743691469

Hergestellt in Europa, USA, Kanada, Australien, Japan

Cover: Foto ©Thomas Meinert / pixelio.de

Weitere Bücher finden Sie auf **www.hansebooks.com**

Jadwiga.

Gedicht in elf Gesängen

von

Karl Beck.

Zeit: Ein Jahr nach dem Falle Warschau's.

Leipzig

Fr. Wilh. Grunow.

1863.

Dr. B. Wolff
in Berlin,

und

J. S. Tauber
in Wien,

den Freunden.

Inhalt.

	Seite
Erster Gesang.	
Was hilft das Eifern früh und spät	9
Zweiter Gesang.	
Zwölf Monde nach des Landes Fall	16
Dritter Gesang.	
Sie thaten nicht wie Du gethan	23
Vierter Gesang.	
Sie kündet ihm drei Worte leis	33
Fünfter Gesang.	
Du Bester sprich und tröste nur	43
Sechster Gesang.	
Und schweigst mit edlem Trug von Dir	52
Siebenter Gesang.	
Dich trog ein Wahn mit kurzer Lust	60

Seite

Achter Gesang.
    Und theuer ist der Tropfen Blut 69

Neunter Gesang.
    Laß Mutter mir Dein Angesicht 77

Zehnter Gesang.
    Es fallen mehr der Engel noch 88

Elfter Gesang.
    Das größte Herz mit reinstem Schlag 97

Jadwiga.

Erster Gesang.

Was hilft das Eifern früh und spät?

Das ist des Grafen lautes Fest!
Ein Erbe ward geboren!
Die Pförtner lugen goldbetreßt
An buntgeschmückten Thoren;
Nun weht die Fahne vom Castell,
Die Glocke geht im Thurme hell,
Ansausen die Schlitten, die prächtigen all
Mit Schellengeklingel, mit Peitschengeknall,
Von nah und ferne kamen
Die stolzen Herrn und Damen.

Die Tafel strotzt im Marmorsaal,
Hoch, hoch! die Becher klingen;
Erquickend läßt mit keckem Strahl
Der Scherz sein Brünnlein springen;
Nun tritt mit ihrem Zauberbann
Musik die Sinne plötzlich an;
Nun flammen die Lichter, nun brause der Tanz!
O schwelgen sie lüstern im lockenden Glanz
Der Augen und Juwelen
Die süßberauschten Seelen!

Vor Allen ist Jadwiga hold,
Im Haar den Wittwenschleier,
An Ehren reich, an Gut und Gold —
Wie glühen rings die Freier!
Sie folgen treu der theuern Spur,
Sie werben heiß mit Blick und Schwur,
Sie herzen begehrlich und küssen so wild
Den blühenden Knaben, ihr wonniges Bild,
Sie preisen schlau den Kleinen,
Der Mutter lieb zu scheinen.

Ihr schönes Haupt, daß Gott erbarm,
Gesenkt in stummen Leiden!
So tragen es in stillem Harm
Am Bach die Trauerweiden.
So jung an Jahren — und so weit
Von Schwung und Lebensfreudigkeit!
Sie wandelt inmitten der tosenden Lust
Mit ruhigem Auge, mit kochender Brust:
So mag die Welle grollen
Verhehlt von glatten Schollen.

Als mit dem elften Glockenlaut
Die Holde will entschweben,
Drob athmet auf so manche Braut,
Doch ach, die Männer beben:
„Verweilet! fern ist Euer Schloß,
Gern strauchelt das erschöpfte Roß,
Es weht auf der Haiden ein eisiger Wind,
Verschneit sind die Bahnen, o schonet das Kind,
Das warm und schlummertrunken
In Euren Schooß gesunken."

„„Ich bin die Mutter!"" Herb und hart
Entrauschen ihr die Worte;
Sie wandelt hehr und angestarrt
Die Reihen lang zur Pforte;
„Die Sorge spart, den bangen Schrei
Für Häupter auf, die vogelfrei!
Und stöben die Flocken, und schnöbe der Wind,
Es lernt ja geduldig ein polnisches Kind
— Gott will's — in frühen Tagen
Ein größtes Leid ertragen!""

Da kommt die Scham mit jähem Lauf,
Und wogt auf allen Wangen;
Die Reue wacht vom Schlummer auf
Und spielt mit ihren Schlangen.
Dies war — verklagt sich jedes Herz —
Im lauten Kreis ihr stummer Schmerz?
Dich suchte sie, Polen, erloschener Stern!
Sie dachte der Brüder, die flüchtig und fern
An des Erbarmens Gaben
Erröthend sich erlaben. —

Sie wallt von edlem Zorn verschönt
Hinab die Marmorstiegen,
Die Peitsche knallt, das Thor erdröhnt,
Und die Pollacken fliegen;
Gelassen thront der Leibhaiduck
In Schnurenkleid und Waffenschmuck,
Er lenket, er schwenket die muthigen Vier,
Aufspringt an den Rappen sein zottiges Thier,
Und ruft ein heisres Bellen
In das Geläut der Schellen....

Der Jubel ist im Schloß gebannt,
Ringsum verzagtes Schweigen;
Vergebens schwärmt der Musikant
Am Hals der schlanken Geigen;
Sie denken an des Landes Noth,
Der Brüder, fern und ohne Brot,
Des eigenen Busens, verschüchtert, verkühlt,
Der Tage, wo jeder unsterblich gefühlt —
Im Saal auf Geistersohlen
Geht um das todte Polen.

Der Wirth bezwingt die wunde Brust,
Fanfaren läßt er schallen,
Und sinnt mit ungeahnter Lust
Die Seelen anzufallen:
Ein Gaukler übt beredt und flink
Der Künste viel auf seinen Wink;
Nun tanzt Präciosa mit fliegendem Haar
Im Kreise der Eier, und lacht der Gefahr,
Und profezeit zur Laute
Was sie verzückt erschaute.

Nun öffnet sich mit Düften fein
Ein glasumdachter Garten,
Wo leichtgeschürzte Mägdelein
Des Flors gedulbig warten;
Die Rebe schmückt und brüstet sich,
Es ragt die Palme feierlich,
Sie breitet den Fächer mit üppiger Pracht,
Drauf wiegen sich Vögel in farbiger Tracht,
Es ziehen still die Schwäne
Im Regen der Fontaine.

So wechselt bunt ein langer Zug
Von herrlichen Gesichten!
O jedes Herz beginnt sich klug
Und emsig zu beschwichten:
Was hilft das Eifern früh und spät,
Wenn seinen Freund der Freund verräth?
Es klaffen die Kerker im traurigen Land,
Gib Vater im Himmel mit gütiger Hand
Bis uns ein Grab gemessen,
Gib Taumel, gib Vergessen!

Vergessen! Gold ist schneller Trost,
Heran! die Karten fallen;
Vergessen! Die Mazurka tost
Von Neuem durch die Hallen;
Und immer breiter schlingt die Lust
Ihr rothes Band um jede Brust;
Wie büßt man so willig in Engelsgeduld
Beim Lösen der Pfänder mit Küssen die Schuld,
Man horcht des Dichters Sagen —
Wer hört die Glocken schlagen? . . .

Zweiter Gesang.

Zwölf Monde nach des Landes Fall!

Wer aber fährt um Mitternacht
Auf Pfaden weiß und schaurig?
Der Knabe schläft, die Mutter wacht,
Zum Sterben ist sie traurig;
Die Thränenflut erquickt sie nicht,
So tröstend aus dem Auge bricht:
Es tummelt sich munter das Doppelgespann,
Mit lechzender Zunge der Köter voran,
Hei, jagt er auf und nieder,
Und reckt im Schnee die Glieder.

Langathmig kommt der Sturm gebrauft,
Verweht im Flug die Gleise;
Die Zügel hält in strammer Faust
Der Knecht, und späht im Kreise;
Am Moor vorbei mit rascher Flucht, —
Da glotzt ihn an die wilde Schlucht, —
Wie bannt er die Hengste mit gellendem Pfiff!
Wie reißt er den Schlitten mit mächtigem Griff
Zurück vom jähen Stege
Auf sanftgefurchte Wege!

Bekümmert mahnt er: „Herrin, mein,
O seht, die Flocken stieben
Die Lichter Gottes, groß und klein
Sind heut daheim geblieben;
Bald öffnet sich die Haide graus,
Dort führt der Wolf die Jungen aus;
Es knicken die Renner auf eisiger Spur,
Es liegt noch im Weiten die heimische Flur,
Der Himmel warnt! Ich wende
Befehlt! den Zug behende."

„„Fort! Liebte wohl der Himmel je
Mir seine Hand zu reichen?
Wann sprachen wohl in meinem Weh
Die Wunder und die Zeichen?
Was hungrig, krank und altersschwach,
Es dankte mir ein gastlich Dach,
Ich gab der Madonna mein Perlengeschmeid,
Gelobte der Kirche mit brünstigem Eid:
Zum Priester sollst du haben
Den erstgebornen Knaben;““

„„Ergeben ward mein stolzer Sinn,
Ich hüllte mich in Loden,
Ich schaffte gleich der Dienerin,
Und schlief auf hartem Boden —
Vergebens! Ward die Heimat frei?
Den Gatten traf des Feindes Blei,
Der Bruder geächtet, wo schmachtet er jetzt?
In Wüsten und Klüfte die Freunde gehetzt,
Nach schnödem Erz zu graben,
Dem Zobel nachzutraben!““
.

„„Zum Feste soll ich kehren? Nein!
Denn war ich hingegangen
Zu hüpfen, gleich dem Mägdelein?
Zu liebeln und zu prangen?
Ich kam, mit einer andern Lust
Mir wohlzuthun in tiefster Brust.
Laß ruhen die Sorgen, das Trauergewand,
O komm, es erscheinen die Besten im Land,
So lockte mich die Kunde —
Nun endlich schlug die Stunde.““

„„Ich kam, zu messen hier und dort
Wie hoch die Seelen gehen,
Ein kühnes, noch so dunkles Wort
Zu deuten, zu verstehen;
Ein Auge mit des Zornes Glut,
Die Faust gekrampft vor stiller Wuth,
Ein düsteres Brüten, die Thräne zuletzt,
So schämig die Wangen des Mannes benetzt,
Sie hätten mir verrathen
Den wachen Drang nach Thaten.““

„„Im Arme kein verpönter Schwung,
Im Auge kein Gewitter!
Sie sprangen wie die Lämmer jung
Die Damen und die Ritter;
Geliebel, Prunk und Jubelschall,
Zwölf Monde nach des Landes Fall!
Doch würde die Taube vom Geier zerpflückt,
Ein brausendes Fohlen vom Wolfe zerstückt,
Das trügen sie mit Schmerzen
Nach Jahren noch im Herzen."'

„„In Wind und Wetter nahm ich mit
Mein Kind an diesem Tage,
Daß flehentlich auf Schritt und Tritt
Sein Blick den Männern sage:
Wo bergen uns die Mütter, wo?
Die Kinder schützt vor Pharao! —
Wie hob sich des Wirthes befriedigte Brust
Er taufte den Erben! O selige Lust
Die Welt zu Gottes Ehren
Mit einem Knecht zu mehren!"'

„„Ob auch die Sterne groß und klein
Daheime sind geblieben;
Ob fern die Burg der Väter mein,
Ob kraus die Flocken stieben —
Fort, fort in heißer Ungeduld
Vom Haus der schamentblößten Schuld!
Sie tranken und sangen am üppigen Mahl,
Wer heischte von Allen den hehren Choral
Zum Tröster uns geboren:
Noch ist Polen nicht verloren!"„

„„Ach, einen Kelch mit edlem Trank,
Gefüllt zum Ueberfließen,
Bei jedem Schritt vor Aengsten krank
Ein Tröpfchen auszugießen:
So trug ich bang, in steter Hut
Mein Herz mit seiner Feuerflut.
Wer war es im Kreise der Sündigen werth
Mein Wehe zu kennen? Entartet! Entehrt!
Preis gab ich nicht die Flamme
Die heilige dem Schlamme."„

„„Ob Grauen sich auf Grauen häuft,
Die Stürme mich umschnauben,
Der grimme Wolf das Feld beläuft
Um nimmersatt zu rauben —
Fort, fort mit angestrengter Hast
Vom Haus, worin die Schande praßt!
Was könnte noch schrecken d i e menschliche Brust,
Die Hoffen und Glauben begraben gemußt?
Sie kann nunmehr im Leben
Nur vor sich selbst erbeben. . . .""

Sie reisen spät in böser Nacht
Auf Pfaden weiß und schaurig,
Der Knabe schläft, die Mutter wacht,
Zum Sterben ist sie traurig;
Sie hüllt ihn warm und wärmer ein,
Sie haucht ihm an die Wängelein:
Laß wogen die Lüfte, laß fallen den Schnee,
Geduldig erlernet noch herberes Weh
— Gott will's — in frühen Tagen
Ein polnisch Kind ertragen! —

Dritter Gesang.

Sie thaten nicht wie Du gethan.

Nun sänftigt sich der barsche Wind,
Ein Schluchzen folgt dem Toben;
Soviel der blanken Sterne sind,
Sie thun sich auf da droben;
Die guten Geister sind erwacht,
Der Mond erscheint in sanfter Pracht,
Nun wallt er beschaulich, nun hebt er empor
Mit bebenden Händen den nächtigen Flor,
So gnädig uns die Schrecken
Der Haide will verdecken.

Der Haide ward ein trübes Loos,
Ihr dünkt es schon ein Segen
Im Sommer glutversengtes Moos
Zu sehn auf ihren Wegen;
Sie findet wohl ein Röslein gar
Zu schmücken ihr zerrauftes Haar;
Das dumpfe Getöne der Unken im Moor,
Das wüste Gebrülle der Dommel im Rohr
Vom Morgen bis zum Abend,
Ihr klingt es hold und labend.

Ein kurzes Glück! Wie balde soll
Auch dieser Trost entschwinden,
Der Winter kommt mit seinem Groll
Und macht den Pfuhl erblinden;
Das Farrenkraut ist längst verdorrt,
Gen Süden flog die Dommel fort,
Die Kröten verschlafen ihr nagendes Leid, —
So starret gespenstig im schneeigen Kleid
Das abgehärmte Bildniß
Der gottverlaßnen Wildniß.

Still, todtenstille rings umher,
Wenn nicht die Stürme toben,
Die Wölfe nicht in Raubbegehr
Den bangen Ruf erhoben;
Wenn nicht ein Rabe sich verirrt,
Und krächzend scheu von dannen schwirrt;
Wenn nicht — o der Freude, so flüchtig, so schön —
Mit feurigen Rossen, mit Schellengetön
Ein buntverzierter Schlitten
Beschwingt dahin geglitten.

Die Schelle klingt, der Schlitten saust,
Der Führer späht im Kreise,
Und lenkt bedacht mit starker Faust
Den Zug in sichre Gleise.
Erloschen ist die Brauselust
Allmälig in Jadwiga's Brust,
Sie hüllet sich schauernd in's Zobelgewand,
Und weinet — bis endlich mit gütiger Hand
Der Schlaf die letzten Sorgen
In seinen Flor geborgen . . .

Im Stillen sinnt der Leibhaiduck:
O ruhe nur im Frieden!
Der Himmel prüft mit schwerem Druck
Die Seele Dir hienieden:
Er füllte Dich mit hohem Drang
In einer Welt, die schlaff und bang;
Was helfen die Ruder? es fehlt Dir ein Boot,
Das Salz ist gegeben, doch fehlt es an Brot!
Wie sollst Du feurig walten
Mit Kühlen und mit Kalten?

Dein Zürnen scholl wie Kirchensang,
Die Brüder will's erlösen;
Was aber süß den Engeln klang,
Das lautet schrill dem Bösen;
Hast auszustoßen Dich erkühnt,
Was Kette nur und Kerker sühnt!
Besorgtest Du nimmer im trunkenen Sinn,
Es möchte der Sklave, gelockt von Gewinn
Verrathen Dein Gebahren
Dem Richterhof des Zaaren?

Ob man das edelste Gestein
In Scheffeln mir verspräche;
Ob auf der Folter das Gebein
Ein Henker mir zerbräche —
Kein Wort entrisse mir der Schmerz,
Was Dich verbürbe, theures Herz!
Du gingst mit den Großen, doch bliebest Du schlicht,
Die Kleinen im Staube verwarfest Du nicht,
Und lehrtest uns im Leben
Das Haupt bewußt zu heben.

Es war der Sommersonne gleich
Dein himmlisches Gelüste:
Zu schaffen, warm und gnadenreich,
Früh munter, spät zu Rüste.
O schafften alle Herrn im Land
Wie Du mit segensvoller Hand,
Dann schwangen die Knaben das wuchtige Schwert,
Dann hätten die Weiber sich knirschend bewehrt,
Lag aufgetischt den Dohlen
Der letzte Mann in Polen.

Sie thaten nicht wie Du gethan,
Um Andre sich vergessen?
Sie lernten früh vom weisen Ahn
Mit schnödem Maaß zu messen:
Des Volks der Schaden wie der Spott,
Die Hoffnung auf den alten Gott,
Die Peitsche des Treibers in Regen und Braus,
Die siechenden Kinder, der Mangel im Haus —
Für sie, für ihre Lieben
Ist alles Heil geblieben.

Sie standen auf, mit Stahl und Blei
Den Zaaren zu verderben,
Sie lockten süß: Nun werdet frei
Und Herrn mit euern Erben!
Da reichten sie die Bruderhand
Dem allerletzten Mann im Land:
Frei läßt man des Abends den zottigen Hund,
Hei! scheucht er die Räuber vom heimischen Grund —
Doch sind bewahrt die Güter,
Dann fesselt man den Hüter.

Ein kurzes Spiel, ein wildes, ach,
Es ist verloren gangen!
Und sollten nun die Bauern jach
Nach Beil und Messer langen?
Die Feinde Nachts mit einem Streich
Erschlagen im gesammten Reich?
Die Brote vergiften und legen den Brand
In Dörfer und Städte mit rächender Hand?
Sie lernten auch indessen
Sich selber nicht vergessen.

Wenn Früchte nur die Scholle beut,
Und trächtig ist die Tenne,
Ei sorgt der Sklave, wie sich heut
Der Herr des Bodens nenne?
Kein Reiter ist dem Roß verhaßt,
Der es zu pflegen nicht verpaßt:
Ach, Sporen verwunden bei Diesem und Dem,
Ach, treiben und zügeln ist Allen genehm;
Was kümmert es die Stiere,
Wer pflügend sie regiere.

Mit Wundern und mit Plagen ging
Der alte Gott auf Erden,
Was hoch sich dünkte ward gering,
Und lernt gefügig werden.
Wie mögt Ihr Großen nun so klein,
Ihr Richter selbst gerichtet sein,
Wenn mit dem gemeinen, verworfenen Knecht
Die Tochter aus altem erlauchten Geschlecht
Zu reden muß beginnen
Von ihrem Leid tiefsinnen. . . .

Da heult es ferne durch die Nacht
In Lauten, langgezogen,
Die Wölfe sind vom Schlaf erwacht,
Und schwärmen wildverwogen;
In Aengsten zieht das Viergespann
Gereckten Ohrs den Schlitten an.
Es fleht der Heiducke: Vergieb uns die Schuld
Du himmlischer Vater in Huld und Geduld,
So wir in unserm Leben
Den Schuldigern vergeben.

Er grübelt still: Noch ferne sind
Von unserm Pfad die Schrecken,
O sündig wär's — sie schlummert lind —
Die hohe Frau zu wecken;
Doch kommen wird die tolle Brut,
Im Felde spürt sie Fleisch und Blut:
Dann lüstets zu raufen den mächtigen Spitz.
Ich hebe mich riesig, ich springe vom Sitz,
Und blutig will ich schaffen
Mit Schwert und Feuerwaffen.

Das tapfre Schwert, des Rohres Blei,
Den Hund, im Kampf erfahren,
Ich muß bedacht die sichern Drei
Bis auf das Schlimmste wahren.
Ich spanne zwei der Rappen aus,
Sie traben rasch in's Feld hinaus:
So wendet das arme verstoßene Paar
Von unserem Haupte die grause Gefahr,
Und dienet noch im Sterben
Der Herrin und dem Erben.

Das Grauen wächst. Ich bin bereit
Die Theuern zu verlieren,
Mein Herze stöhnt in Bangigkeit:
Ach, welche von den Vieren?
Für alle brennt in dieser Brust
Das gleiche Weh, die gleiche Lust;
Ich hab sie behütet, verpfleget, geschirrt,
Sie kennen am Gange den täglichen Wirth,
Sie kennen ihn am Rufe,
Und grüßen mit dem Hufe.

Jetzt wolle mir ein Zeichen klar
O Herr des Himmels senden! —
Da — strauchelnd knickt das Vorderpaar,
Du wünschest sein Verenden.
Wohlan! — Er hält in ihrem Lauf
Mit schrillem Pfiff die Renner auf;
Nun springt er vom Schlitten; mit bebender Hand
Beginnt er zu lösen den Riemenverband,
Und netzt die reichen Mähnen
Mit langbekämpften Thränen....

Vierter Gesang.

Sie kündet ihm drei Worte leis.

Sie schläft. Das blanke Mondenlicht
Beglänzt die bleichen Wangen,
Ihr ist ein seltnes Traumgesicht
Wildprächtig aufgegangen:
Sie wandelt vor dem Herrenhaus,
Im Dorfe sind die Lichter aus;
So lieblich der Abend, der Sterne genug!
Kein Pärchen am Brunnen, kein Bauer im Krug?
Kein Mägdelein am Rocken?
Es schlagen Neun die Glocken!

Sonst war es anders! Froher Sang
Erscholl um diese Stunde;
Nun aber ist in Sturm und Drang
Die Jugend in der Runde,
Bekrönt sich im gerechten Krieg,
Erlöst die Welt mit jedem Sieg,
Nur Kinder und Greise verblieben daheim,
Die Mütter zu singen den heiligen Reim,
Der blinde Mann, der lahme,
Die Braut mit ihrem Grame.

Da kommt auf schaumbedecktem Pferd
Ein Krieger jäh geritten —
„O sprich, und laß an meinen Herd
Zum besten Mahl Dich bitten!"
„„Was Edelwild, was Ungarwein,
Muß reiten in das Land hinein;
Wie Pfeile vom Bogen, wie Federn im Wind,
So muß ich von dannen, auf, daß ich geschwind
Die große Mähr verbreite,
Und — todt vom Rosse gleite.""

Er flüstert ihr drei Worte zu —
Im Sattel wächst der Reiter —
Hussah, beschwingter Schecke, du —
Und rasend jagt er weiter;
Sie zuckt, als ob er Kiese scharf
Verrucht nach ihrem Herzen warf;
Nun wankt sie gebrochen in's öde Castell,
Und schaudert — es leuchten die Fenster so hell,
Es rauscht im Rittersaale,
Die Gäste gehn zum Mahle.

Da steigen stolz und feierlich
Die Bilder aus den Rahmen,
Es grüßen sich, es brüsten sich
Die schmucken Herrn und Damen;
Der Becher kreist von Mund zu Mund,
Ein Hoch der Traube von Burgund!
Da ruft sie verzweifelnd: Versumpftes Geschlecht,
Das bindet den Reigen, das liebelt und zecht,
Und Kind und Kindeskinder
Vertilgt der Ueberwinder.

Den Priester weckt! Es naht der Greis,
Zu später Frist befohlen,
Sie künbet ihm brei Worte leis,
Die traurigsten in Polen.
Vernimm! Der Küster zünde schnell
Am Hochaltar die Kerzen hell,
Das große Geläute laß gehen im Thurm,
Laß brausen der Orgel allmächtigen Sturm,
Dann lies, wie Dir geboten
Die Messe für den Todten. —

Horch Orgelsang um Mitternacht?
Im vollen Schwung die Glocken?
Die Dörfler sind vom Schlaf erwacht,
Und jeder staunt erschrocken,
Und jeder greift mit rascher Hand
Nach Rosenkranz und Festgewand;
Nimm, weinen die Kleinen, lieb Mutter uns mit —
Sie kommen, sie nahen mit eiligem Schritt,
Zu horchen und zu schauen
In Neubegier und Grauen.

Ach, da beginnt ein tiefes Leid
In jeder Brust zu wogen.
Die Kirche hat das schwarze Kleid
Der Trauer angezogen;
Mit Rosmarin und Flören ist
Der Chor umrankt zu dieser Frist,
Und am Catafalke, von Kerzen umflammt
Die polnischen Wappen auf Kissen von Sammt,
Des Adlers Schneegefieder,
Es hangt gebrochen nieder.

Der Priester singt mit bangem Ton
In weißen Meßgewanden;
Des Küsters goldgelockter Sohn,
Er waltet ihm zu Handen;
Und dumpf und immer dumpfer klingt
Ein Sang der jedes Herz bezwingt.
Wen aber begleitet das heilige Lied?
Wie nennt sich der Edle, der selig verschied,
Und vor den Herrn getreten,
Indeß die Guten beten?

Der Priester läßt den Hochaltar
Und spricht zum Richter leise,
Der Alte rauft sein Silberhaar
Und spricht zum Frauenkreise;
Vertilgend rast das böse Wort
Beschwingt wie Sturm und Seuche fort;
Und jeglichem Busen entringt sich ein Schrei,
Ein Fluch in der Kirche: Verloren! Vorbei!
Die Freiheit ist gestorben!
Das Vaterland verdorben!

Zur Pforte stürmt das Volk hinaus
Mit ungestümer Klage;
Sie bleibt im öden Trauerhaus
Und kniet am Sarkophage;
Da tönt's wie Harfen — thut sich auf
Die Gruft der Väter — steigt herauf
Von Palmen beschattet den blutigen Stahl
Mit seligen Blicken der theure Gemahl,
Und streichelt ihr die Locken,
Und küßt ihr Auge trocken.

„O wisse: jedes Volk der Welt
Ereilet das Verhängniß,
Doch jedem, glaube nur, erhellt
Ein Segen das Gefängniß:
Dem Deutschen ward ein Forschertrieb,
Dem Juden ward das Silber lieb,
Den Kindern des Ostens das herrliche Pferd,
Ein sinniges Märchen am häuslichen Herd,
Den Wälschen will versöhnen
Ein voller Kranz des Schönen."

„Uns aber ward mit Gottes Blut
In's tiefste Herz geschrieben:
Des Lebens allerhöchstes Gut
Unsterblich, keusch zu lieben,
Zu kämpfen für die Majestät
Der Menschenseele früh und spät!
Es nahen die Möwen bei Wetter und Wind,
Wir kommen in Schaaren, wir kommen geschwind,
Wenn Sklaven auf der Erden
Sich rüsten frei zu werden."

„Wem frommt es, Mutter, daß Du weinst?
Wir starben ab hienieden,
Doch unsern Kindern ist bereinst
Ein Osterfest beschieden;
O wahre sie mit starker Hand,
Ein grimmer Wolf verheert das Land!
Es kennen die Lämmer den heiseren Ton,
Jadwiga, Jadwiga, da nahet es schon,
Auf, rette Dir den Knaben!
Der Vater ist begraben!" . . .

Sie schaudert auf mit wüstem Schrei,
„Fort, fort und sonder Säumen!"
Und sieht entsetzt der Rosse zwei
Vom Strang gelöst sich bäumen.
„Vergebt", so spricht der treue Mann,
„Was ungeheißen ich begann;
Es jagt im Gefilde die hungrige Brut,
Uns fallen die beiden, uns rettet ihr Blut —"
Da wimmert sie mit Beben:
„„Mein Traum beginnt zu leben!""

„Es warnt der Himmel! Das Castell
O Herrin liegt im Weiten,
Befehlt! Zur Linken will ich schnell
Den Zug hinüberleiten;
Ich kenne dort ein Dörfchen traut,
Dort rastet bis der Morgen graut."
„„Was frägst Du? Behende,"" so jubelt sie froh,
„„Will selig in Höhlen, auf Matten von Stroh
Auf spitzem Kies mich betten,
Mein süßes Kind zu retten.""

Die blanken Glöckchen reißt er all
Vom Saum der Sattelbecke,
Daß kein verrätherischer Hall
Die Gier des Feindes wecke;
Dann streichelt er das Mähnenhaar
Zum letzten Mal dem schönen Paar:
Dann hetzt er die beiden — wie schnauben sie wild —
Mit knallender Peitsche hinaus in's Gefild,
Und ruft in herber Klage:
Fahrt wohl für alle Tage.

Ha, nimmer weiß das fremde Spiel
Sein treuer Hund zu fassen:
Sie halten stille, fern dem Ziel?
Die Rosse losgelassen?
Nun greift er aus in dumpfer Wuth,
Zu suchen das verlorne Gut;
Vom warnenden Klange des Pfeifchens belehrt
Ist knurrend zum Schlitten der heiße gekehrt,
Und schaut betrübt in's Weite,
Mit seinem Herrn im Streite.

Und aber brausen sie dahin,
Die Herrin jauchzt: „Erfahre,
Ich lohne Dir den wackern Sinn
Bis an die späte Bahre;
Ich statte Dir die Tochter aus
Mit eitel Gold, mit Hof und Haus,
Doch rede, Dein Schweigen erschreckt mich." — Er spricht:
„„Ich habe gebetet zum ewigen Licht,
All Glück und alles Leben
Ist ihm anheim gegeben.""

Fünfter Gesang.

Du Bester sprich und tröste nur!

~~~

O, wohlig ist's im weiten Raum
Den ausgesetzten Rossen,
Es hält nunmehr kein straffer Zaum
Ihr edles Haupt umschlossen;
Kein Zügel, der sie fürder zwingt,
Kein Treiber, der die Geißel schwingt;
Wie flackert ihr Auge! Sie wiehern mit Macht
Ihr trunkenes Fühlen hinaus in die Nacht,
Vorüber sind die Tage
Der Lasten und der Plage.

Horch schaurig heult das Raubgethier!
Sie knirschen mit den Zähnen,
Das Ohr gespitzt, das Auge stier,
Und werfen Schweif und Mähnen,
Und sperren weit die Nüstern auf,
Den Kopf gesenkt im jähen Lauf,
Und suchen erschrocken das sichre Versteck,
Um vorne behütet, beharrlich und keck
Dem alten Feind das Eisen
Des Hinterhufs zu weisen.

Vermögen sie mit kühnem Trutz
Und glücklich hier zu raufen?
Kein Heu gewährt dem Haupte Schutz
In hochgethürmten Haufen;
Kein Feuer loht im Haidegrund,
Der Wächter fehlt, der Zottelhund. —
Die wilden Naturen, sie traben daher,
Und recken bedrohlich im wüsten Begehr
Aus dürrem Schlund die Zungen,
Die Wölfin führt die Jungen.

Das Rudel kommt in jäher Hast
Den Rossen nachgeschossen,
Es rufet an und ladt zu Gast
Die streifenden Genossen;
Sie nahen schon mit Räuberschritt,
Sie jagen um die Wette mit;
Nun schließen sie dichter den schrecklichen Kreis.
Keins gönnt dem Gefährten den köstlichen Preis,
Hei, wie sie neidisch ringen,
Und wild sich überspringen.

Das edle Paar in Todesqual,
Die Kräfte fühlt's entfleuchen,
Es rüstet sich ein letztes Mal
Beherzt den Feind zu scheuchen:
Es bäumt sich riesig hoch hinan,
Da beißt er schnell im Rücken an,
Und wirft's ihm entgegen in hurtiger Flucht
Der hinteren Hufe zerschmetternde Wucht,
Flugs reißt er an den Mähnen
Am Hals mit Mörderzähnen.

Aus breiter Wunde schießt das Blut,
Großaugen, müßt ihr sterben?
So war der Freiheit kurzes Gut
Nur Sorge, nur Verderben?
Sie fallen stolz, der Gegner siegt,
Sie liegen, Leib an Leib geschmiegt,
Und hauchen einander in's kalte Gesicht,
Als wollten sie sprechen, als könnten sie nicht
Getrennt in ihren Leiden
Und ohne Kuß verscheiden —...

Indessen kühn im Haideland
Das Opferpaar gestritten,
Ist leicht gelenkt von Meisterhand
Der Schlitten hingeglitten.
Beklommen späht der Führer um,
Sein treuer Spitz ist laß und stumm,
Ihm fehlen die Hengste, sie trabten so schön,
Es mangelt der Schellen vergnügtes Getön:
Das Knäblein schläft geborgen,
Der Mutter sind die Sorgen.

„Mein Schweigen," so beginnt der Knecht,
„Erfüllt es Euch mit Zagen?
Wenn meine Lippe sich erfrecht,
Ihr wollt es mild ertragen?"
„„Du Bester, sprich und tröste nur,
Sei wie daheim die Pendeluhr:
Wenn Schlummer und Frieden mein Kissen geflohn,
Erbaut sie mich emsig mit freundlichem Ton,
Den bangen Sinn erhebend,
Den öden Raum belebend.""

„Laßt reden mich, Gebieterin
Vom Glück verrauschter Tage!
Ach, schwand es ewig Euch dahin
Wie Traum und Ammensage?
Nun krankt das Herz in Eurer Brust,
Der Sorgenstuhl ist Eure Lust.
Wann riefen die Hörner im Walde zuletzt?
Die fiebernden Hände vermöchten sie jetzt
Gelenkig noch zu schaffen
Mit Rossen und Gewaffen?"

„„Der Sorgenstuhl ist meine Lust?
Verklage nicht mein Sorgen,
Es hegt geheim in schwarzer Brust
Wie jede Nacht den Morgen;
O glaube, daß ein solcher Harm
Noch Enkeln nützt; Jadwiga's Arm
Noch rüstig bemeistert ein trutziges Roß,
Und sicher die Kugel aus meinem Geschoß
In manches Herz sich grübe,
Wenn Polen sich erhübe."“

„„O, Schmach, sie taufen Mäßigung
Die Scheu vor hohen Flügen,
So tüncht ein abgeblühter Schwung
Den Herbst in seinen Zügen;
Man adelt die gemeine Schuld,
Und feiges Zaudern heißt Geduld!
Man gipfelt im Rausche bei feistem Bankett
Dem faulen Gewissen ein üppiges Bett,
Für Wunder heut und morgen
Wird Gott in Gnaden sorgen."“

„„In halber Zeit ein ganzer Mann,
In kranker ein gesunder,
Der lenkt das Schicksal, löst den Bann,
Er selber ist das Wunder!
Vorbei! Die Retter in der Noth,
Verbannt, gefangen, flüchtig, todt!
Nur über den Kindern erglänzet ein Stern
Erlösung verheißend — so hat er den Herrn
Zu Bethlehem beschienen —
Das Himmelreich ist ihnen!""

„„Doch, welche Geister barg zuvor
Die Frage, das verkünde,
Ob ich mit Roß und Feuerrohr
Zu walten noch verstünde?
O mochtest Du mich warnen, sprich?
O, naht das Rudel? Trieb es Dich
Verblümt mich zu spornen? Es pochte geschwellt
Mein Herze der ganzen, beleidigten Welt,
Nun zittert es alleine
Für sich und für das Seine.""

„Getroſt! Noch fern iſt die Gefahr,
Der Himmel wird uns hüten;
Doch nahte die verwegne Schaar,
Wir ſcheuen kaum ihr Wüthen.
Wie ſpränge kühn die Mutter auf,
Ergriffe ſchnell den Doppellauf!
Mir blieben im Gürtel — ein Schwert iſt dabei —
Noch zwei der Gewehre mit Pulver und Blei,
Uns helfen Roß und Rüde
Beherzt und nimmermüde."

„Wie raſch dahin der Schlitten fliegt!
Weit ab und ſtumm die Meute
Im tiefen Schnee der Haide liegt,
Sie labt ſich an der Beute;
Doch heulte ſie mit neuer Wuth
Ihr tolles Lied um friſches Blut:
Dann Herrin, gewaltig die Zügel erfaßt!
Ich flöge vom Sitze, befreite mit Haſt
Ein Rößlein vom Geſtränge,
Auf, daß ich drauf mich ſchwänge."

„„Du ließest mich?"" "Verkennt mich nicht!
Ich ritte still zur Rechten,
Mit ganzem Arm, in frommer Pflicht
Für theures Gut zu fechten.
Euch lassen, Euch, der Frauen Preis?
Wo nicht um schlau von Eurem Gleis
In's Weite zu locken die grimmige Schaar,
Allein zu bestehen den Kampf, die Gefahr,
Sodann — dem Herrn die Ehren —
Ein Sieger heimzukehren."

"Jadwiga hob des Volkes Pein,
Wir sollten sie verrathen?
O wär's im Namen Aller mein
Zu danken Euch mit Thaten,
Mit heißem Blut, im Streite wild
Für Euch und Euer Ebenbild!"
Da ruft sie: „„Zu trösten, daß fern die Gefahr,
Und tröstend in Schrecken zu schwelgen — fürwahr
Im Acker baust Du Nesseln,
Und möchtest Korn entfesseln.""....

Sechster Gesang.

Und schweigst mit edlem Trug von Dir?

~~~

Er schweigt. Da plötzlich heult es bang!
Er hält; er springt vom Schlitten;
Sie faßt die Zügel; jetzt den Strang
Behende durchgeschnitten;
Ein Rößlein frei; hui, sitzt er auf,
Den Hahn gespannt am Doppellauf;
„Laßt fliegen den Rappen mit Sturmesgewalt,
Ich reite zur Seite; doch, horchet, verhallt
Sind rasch die wüsten Lieder, —
Nun Herrin, faßt Euch wieder!"

„„Es kommt heran, Du hast's gewußt!
Nun wird Jadwiga schaffen
Verzweiflung in der Mutterbrust
Mit Rossen und Gewaffen. —""
Das Knäblein ist vom Schlaf erwacht:
„So kalt, so schaurig ist die Nacht,
Geschwind zu den Brüdern im freundlichen Schloß,
O hetze nur, hetze das lässige Roß —
Doch fuhrst Du nicht in Vieren?
Zwei fehlen von den Thieren."

„„Du träumtest! Sprich den frommen Reim,
Und schmiege Dich, und schlafe,
Wir eilen zu den Brüdern heim. —
Das, Herr, ist meine Strafe,
Dein Fluch, Dein blutiges Gericht!
Ich, Herr, vergaß der Mutterpflicht,
Entarteten Herzens, so riß ich hinaus
Unschuldiges Leben in tödtlichen Graus —""
„Vergeßt! Erstarket! Balde
Sind wir im sichern Walde."

„„Mir ahnt, wir sterben hier zu Dritt —
Wer hegt daheim das Meine?
Dich, Vielgetreuer, zieht es mit,
Verwaiset klagt das Deine;
Doch segnet Dich und weinet Dir
Das ganze Volk, es fluchet — mir.““
„Wir werden bestehen, hin sauset das Pferd,
Die Lieblichen sehen am traulichen Herd —
Auch, wenn er strafend probet,
Sei Jesus Christ gelobet!"

„„Du horchst bestürzt?““ „Sie kommen nicht,
Ich höre nicht die Rufe,
Es dröhnet — klärt das Angesicht —
Im Schnee die Schlittenkufe;
Doch oft und enger zieht den Kreis
Mein kluger Spitz um unser Gleis;
Ein lautes Gebelle verriethe die Spur,
Besorglich erinnert die Flüchtlinge nur
Sein trotziges Gebahren,
Zu wachen und zu wahren."

„O laßt mich! Ziehet wohlbewahrt,
Bald winket traut der Flecken,
Beschließet froh die bange Fahrt
Durch diese Welt der Schrecken.
Ein Roß genügt! Ihr sähet bald
Am Haidesaum den Tannenwald,
Dort grünt es beständig, dort leitet gerad
Zu freundlichen Höfen der sichere Pfad,
Sie hielten bis zum Morgen
Den hohen Gast geborgen."

„Ich schlüge mit gesammter Kraft
Den kecken Schwarm danieder;
Mich trüge stolz und unerschlafft
Mein Roß zur Herrin wieder;
Doch läge kalt in seinem Blut
Der Rappe bei des Wolfes Brut —
Ich schritte gelassen, vom Hunde bewacht
Durch Felder und Wälder in schweigender Nacht,
Und käme, wenn die Glocken
Im Dorf zur Mette locken."

„„Du sprichst: es könnte das Gethier
Das Blut des Pferdes heischen?
Und schweigst mit edlem Trug von Dir?
Es würde D i ch zerfleischen!
Und stelltest gern mit hohem Sinn
Dein Opfer klein und ärmlich hin?
Und ließest daheime die Tochter allein?
Und liefest in's grause Verderben hinein,
Nun ich für alle Tage
Dich frei, Du Bester, sage!"""

„Laßt meinen Dank zu Jesus-Christ
Inbrünstig sich erheben:
Ein Freier war zu jeder Frist
Wer Euch gedient im Leben;
O besser war der Gute, gut
Der Böse stets in Eurer Huth;
Ihr hübet der Tochter in Freuden und Schmerz
Die gläubige Seele, das polnische Herz
Und bändet einst die Myrthen
In's Haar der Süßverwirrten."

„Euch aber blühn der Knaben drei
In Frische, Glanz und Frieden,
Wer stünde fromm den Waisen bei,
Wenn Ihr dahin geschieden?
Der Vater schläft in früher Gruft,
Der Ohm verwelkt in fremder Luft:
Wer lehrte die Söhne sarmatischem Land
Geduldig zu widmen die rettende Hand,
Dem ärmsten Volk auf Erden
Dereinst gerecht zu werden?" —

Jetzt — wilder stimmt das Rudel an
Den Räuberchor auf's Neue.
Da spricht bewegt der Reitersmann
In unermeßner Treue:
„Noch fern im Felde weilt die Noth,
Mich aber heißt des Herrn Gebot
Entgegen zu fliegen dem grimmigen Schwarm,
Ihn mächtig zu treffen mit eisernem Arm,
Ihn schlau nach allen Weiten
Von Eurer Bahn zu leiten."

„„Nein, nein! Laß kämpfen uns vereint,
Laß uns vereint verderben!"" —
Der aufgeschreckte Knabe weint:
Ich, sterben! Muß ich sterben?
„O Herrin, denkt der Mutterpflicht!
Umsonst! Gehorchen darf ich nicht!
Dort grünen die Tannen, dort leitet gerad
Zu traulichen Höfen der sichere Pfad —
Gedenkt mit starkem Herzen
Des Reichs und seiner Schmerzen!"

„Ha, Kugeln, Schwert und Zottelhund
Erlegen rasch die Meute;
Mir thut ein süßes Ahnen kund:
Wir sehen uns noch heute.
Ich eile. Nehmt den Doppellauf!
O rettet Euch und athmet auf!
Er sendet die Kräfte, der Kämpfe beschied!
Und heilige Männer laßt singen ein Lied
Zum Trost der armen Seele,
Wenn ich des Morgens fehle." —

Sie brausen hin.   Es trennten sich
Die Wege, nicht die Herzen;
Sie weinet laut und bitterlich,
Er duldet stumm die Schmerzen;
Am Reiter springt der Hund empor,
Es geht zum Kampfe, fühlt er vor.
Wie horcht sie beklommen und blicket so wild,
Wie deckt sie den Knaben, und hetzt im Gefild
Den Rappen unaufhaltsam,
Und redet so gewaltsam!

Siebenter Gesang.

Dich trog ein Wahn mit kurzer Lust.

Vor seiner Mutter graut dem Kind,
Verstört die holden Züge,
Ihr Wort erbraust wie barscher Wind,
Wie Groll und herbe Rüge.
Sonst sprach die Theure lieb und mild,
Und schaute wie das Gnadenbild:
Nun habert mit Geistern die finstere Frau,
Sein Plaudern zu hören verweigert sie rauh
Sein Kosen, sein Gewimmer
Versteht sie nimmer, nimmer.

„Für mich zu kämpfen zog er aus,
Zu leiden, zu verscheiden;
Sein Töchterlein im öden Haus
Wird jammernd schwarz sich kleiden,
Den Vater heischt ein dumpfer Sang
Von Früh bis Sonnenuntergang.
Die Thränen der Waise, den schaurigen Fluch
Verzeichnet das Schicksal im ewigen Buch,
Und muß die Blätter wenden,
Und nimmer kann es enden."

„Denn ich verließ mit wildem Drang
Zu Nacht die sichre Stätte:
O, daß ich meine Glut bezwang,
Und still geduldet hätte!
Bald öffnet sich die Haide kraus,
Dort führt der Wolf die Jungen aus.
Verweilet! So warnte sein flehendes Wort;
Ich aber, vermessen, ich donnerte: Fort!
Und hab ein bestes Leben
Den Thieren preisgegeben."

„Er ist ein bester Freund, er war
Ein Engel mir gewesen:
In Thaten ward es offenbar,
Im Auge war's zu lesen.
Ich stürmte lang im dumpfen Schmerz
Den Himmel um ein Freundesherz:
Und nun es erschienen mit seliger Huld,
Beging ich die nimmer zu sühnende Schuld,
Mit Schrecken und mit Qualen
Sein Glühen zu bezahlen."

„Ich suchte früh, ich suchte spat
Den Freund im Säulenhause,
Nun endlich war er mir genaht
Ein Sproß der niedern Klause;
Das Kind aus fürstlichem Geschlecht
Verstand allein der schlichte Knecht.
Er konnte von hinnen auf hurtigem Pferd,
Sich Theurem erhalten am heimischen Herd,
Er dachte treu nur meiner,
O, Sohn, er dachte Deiner!"

„Was Deine Seele nicht begreift,
Das ahne hell, mein Knabe:
Wenn Du zum Mann herangereift,
Wenn ich dereinst im Grabe;
Wenn Dir zu Füßen hingeschmiegt
Ein Volk, ein vielversuchtes liegt,
Gedenke, wie seinem geheiligten Schooß
Ein Freund sich entrungen, der edel und groß
Für mich gesorgt, gelitten,
Dein Erbe Dir erstritten."

„Was Einer that, muß liebend, Sohn
Dich ganz zum Ganzen drängen;
Es rufe Dir wie Glockenton
Dir wie mit Orgelsängen
Den Dank im Herzen brausend wach,
Vergilt und segne tausendfach!
Wer heute wie gestern das Löbliche bringt
Gibt Besseres Morgen, kein Bestes gelingt,
Gethanes sei vergessen,
Was noch zu thun, ermessen."

„Dem Zechgelag, dem Sinnenbrand,
Dem Spiel, dem Modeflimmer,
Den Hengsten aus Altengelland
Dein edles Gut? O nimmer!
Wie, Klöstern schenkst Du Kreuze blank,
Und goldnen Kelch mit goldnem Trank?
An hölzernem Kreuze hing Jesus der Christ,
Und als er da rufte: mich durstet — wer ist
Mit goldnem Kelch erschienen
Dem sanften Herrn zu dienen?"

„Hilf Deinem Volke! Darf die Schaar
Der Frömmler Dich erschrecken?
Du nimmst von einem Hochaltar,
Den andern reich zu decken!
Ist solche That Verbrechen; — o
Dann sage Dir begeistert: So
Vermißt sich die Tugend, und Sünden verbricht
Ein rettender Engel, so schändet das Licht
Die Welt mit seiner Sendung,
Der Lenz mit Duftverschwendung."

„Doch ziehst Du nicht die Herzen groß,
Und bildest nicht die Geister,
Ist Gold ein halbes Wunder bloß.
Bist Herr, so werde Meister!
Sei wahr, gelassen, sei gerecht,
O heiße nicht den Schwachen schlecht!
Und mußt Du bestrafen, so denke versöhnt
Daß nächtige Tiefen die Perle verschönt,
Und nah den Dornenkronen
Verklärt die Rosen wohnen."

„Ach, wenn in ihrem Zauberbann
Die Sünde Dich verdürbe;
Wenn, Knabe, früh im Edelmann
Der edle Mann verdürbe;
Und rissest Du die Brüder fort
Zu schnöder That mit schnödem Wort,
Und übtest am Volke den herrischen Sinn:
Dann fahre zur Grube Verworfener hin,
Noch ehe Dir im Leben
Ein Wille ward gegeben."

„Was Deine Seele nicht erfaßt,
Das ahne! Laß mich sprechen:
O Herbes drückt wie Riesenlast
Und Süsses wie Verbrechen,
Bis tönend sich die Menschenbrust
Des Grams entbürdet wie der Lust.
Wild glotzten die Schrecken, doch wisse, mich zwang
Vom Freunde zu reden ein stürmischer Drang,
Vom Theuern, der verloren,
Vom Volk, das ihn geboren."

„Verloren? Nein! O nimmermehr!
Kein Ruf nach frischer Beute!
Und, horch, es donnert kein Gewehr!
Gesättigt zieht die Meute.
Von Schmerz geheilt, vor Freude krank
Herz, taumle nicht und jauchze Dank.
Durch Felder und Wälder in schweigender Nacht,
So folgt er gerettet, von Engeln bewacht,
Er kehrt, wenn fromm die Glocken
Im Dorf zur Mette locken."

„„Nun bist Du wieder schön und klar
O Mutter!"" „Ich gesunde."
„„Dein Wort, es fiel so schneidend, war
So bang."" „In banger Stunde."
„„Allhier der Wald am Haidesaum,""
„Beharrlich grünt der Tannenbaum "
„„Und hausen Gespenster im finsteren Tann?""
„Es nahen uns heilend, es hauchen uns an
Die gütigsten der Geister,
Christkindlein ist ihr Meister!"

So frug noch der Knabe lang,
Von Zaubern hold umschlossen,
Denn Kindermund und Quellensang
Sie tönen unverdrossen;
Doch düster sieht die Mutter, sieht,
Daß lässig hin der Schlitten zieht.
Nun strauchelt das Rößlein, es geifert, es rafft
Erbebend zusammen die sinkende Kraft,
Und knickt von Neuem wieder,
Und legt sich schnaubend nieder.

Sie muntert es mit Rufen auf,
Sie muß das eble schlagen;
Es kann erschöpft vom wüsten Lauf
Die Bürde nicht ertragen.
Sie springt vom Pfühle, streichelt, lockt,
Es bleibt am Boden, bleibt verstockt;
Anschaut es die Herrin mit sprechendem Weh:
Mich dürstet, ich trinke vom kühlenden Schnee,
Laß ab vom wilden Hasten, .
Ich raste, laß mich rasten.

Da hört sie fern der Schüsse vier,
Sie wankt, die Pulse stocken,
Die Hand gekrampft, das Auge stier,
Das Herz zu Tod erschrocken.
„Dich trog ein Wahn mit kurzer Lust,
Ein Schattenbild, getäuschte Brust!
Ihn schützte kein Engel, mein Glaube verdirb!
Mein Sehnen verschmachte, mein Hoffen erstirb!
Er kämpft, sein Leben röthet
Das Feld, — er ist getödtet!"

Achter Gesang.

Und theuer ist der Tropfen Blut!

~~~

Zum Streite war der Leibpanbur
Bewegt und still geritten,
Nun kommt auf langversäumter Spur
Die Thräne sanft geglitten.
Im Felde horcht er um und um,
Im Felde bleibt es todtenstumm.
Kein heiseres Rufen in hungriger Gier?
Zerstreut sich gesättigt das wüste Gethier?
Er hält, er läßt sie walten
Im Geiste die Gestalten.

Von Epheulaub und wildem Wein
Sein Wohngelaß umblühet,
Drin munter sich das Töchterlein
Mit flinkem Arm bemühet!
„Maria, mit dem Angesicht
Aus Silberschaum und Mondenlicht!
Wie bittest Du rührend, wie plauderst Du schön,
Ist's Quellengemurmel? ist's Flötengetön?
Und hüpfst auf Elfenzehen,
Das Auge von den Rehen."

„Du lagst danieder Tag und Jahr,
Bereit dahin zu scheiden,
Und mußtest nun Dein reiches Haar
Mein blondes Kind verschneiden?
Und schleppst den vollen Eimer her?
Und trägst das Holz in Körben schwer?
Dich pflegen? Es haben die Hähne gekräht;
Dich zeigen? In Schuhen mit Flicken benäht?
So gestern und so heute,
Ach, daß wir arme Leute!"

„Mein Aschenbrödel sei getrost
Im schwarzberußten Kleide,
Dir sind Gewänder zugeloost
Von eitel Sammt und Seide.
Trauringelein der Mutter ist
Dein ganzer Schmuck zu dieser Frist?
Bald kränzet den Scheitel die fürstliche Hand
Dir üppig mit Perlen und gülbenem Band,
Und windet einst die Myrthen
In's Haar der Süßverwirrten." —

Da schallt des Hundes Bellen wild,
Es trabt heran die Meute,
Nach kurzer Rast im Schneegefild
Verlangt sie frische Beute.
„Hervor ihr Doppelläufe, blitzt
Und donnert! Hengst, gelassen itzt!"
Vier mächtige Schüsse — kein einziger fehlt,
Vier mächtige Thiere zerschmettert, entseelt,
„Auf, nach, und hetzt sie müde,
Hussah, los Rapp und Rüde!"

Hussah! Der Hund in Kampfbegier
Voran dem Reiter brausend,
In voller Flucht das Raubgethier
Hin auf der Haide sausend;
Ein Junges flieht zum Tannenwald,
In Aengsten folgt die Mutter bald.
„Und liefet ihr beiden," so spottet er froh
„Die Flügel vom Winde, die Herrin entfloh,
Und herzt nun ihren Knaben,
Ihr mögt nach Wurzeln graben."

Hussah! Wie tränken Schaum und Schweiß
Das Feld mit reichem Sprudel;
Sie jagen lang, sie jagen heiß,
Da — wendet sich das Rudel,
Es knäult sich drohend, weist den Zahn,
Den Drängern sperrt es flugs die Bahn.
Nun, hüben und drüben gewaltiger Spitz!
Nun hebt sich der Reiter verwegen im Sitz,
Und sprengt mit blankem Degen
Mit Gott dem Feind entgegen.

Nun scharf gespornt; in Wuth und Pein
Gebäumt zum Ueberschlagen;
Des Leibes Riesenwucht allein
Vom Hinterhuf getragen;
In Dampf gehüllt, von Schaum benetzt,
Vom Ruf des Meisters wild gehetzt;
Nun kochenden Blutes, allmächtigen Schwungs
Setzt borstend die Mähnen, verzweifelten Sprungs
Zermalmend in den Haufen
Der Hengst mit dumpfem Schnaufen.

Verderben rings! Der Reiter ficht,
Die Schrecklichen zerstieben:
„Auf, schneller Hund, noch raste nicht!
Mein Thier, wo bist du blieben?"
Es kriecht heran, es wedelt stumm,
Es rafft sich auf, es sinket um,
Anblickt es den lieben, den schluchzenden Mann,
Als rief es: ich sterbe, sieh gütig mich an!
Anhaucht das Pferd so traurig
Den Freund und wiehert schaurig.

Und aber kehrt das Rudel, droht
Mit langgereckter Zunge;
Und aber spornt er in der Noth
Sein Thier zum Riesensprunge;
Umsonst! es litt im wüsten Kampf,
Umsonst! es zuckt im Fieberkrampf.
„So mußt du verderben mir Armen zum Heil!
Frei brause von hinnen in rasender Eil,
Und locke, Roß, die Schrecken
Den Tod nach fernen Strecken." —

Er eilt mit ausgeholtem Schritt
Des Hundes treu gedenkend:
Doch horch! er kennt den dumpfen Tritt,
Und ruft, die Waffe schwenkend:
„Mein Arm ist eisern, falsche Brut,
Und theuer ist der Tropfen Blut!"
Die milderen Thiere, sie streifen getrennt
Vom Rudel, das hitzig den Rappen berennt,
Und folgten rasch den Spuren
Des fliehenden Panduren.

Vermag er, ach, mit kühnem Trutz
Und glücklich hier zu streiten?
Kein Baum gewährt dem Rücken Schutz
Kein Strauch in diesen Weiten.
Zur Rechten und zur Linken saust
Der Stahl in seiner Heldenfaust,
Und spaltet die Schädel und röthet den Pfad,
Und schneidet die Pranken mit emsiger Mahd;
Sie fliehen, doch sie kehren
Mit wachsendem Begehren.

Und wieder muß er schaffen, schafft,
Sein Leib ist unversehret;
Doch fühlt er mälig, daß die Kraft
Des vollen Schwungs entbehret.
Anspringt ein alterwognes Thier
Den Kämper itzt mit jäher Gier!
Ha, faßt er gereckten, vernichtenden Arms
Und würgt an der Gurgel den Führer des Schwarms,
Der mit verglasten Blicken
In Lüften muß ersticken.

Urplötzlich schwankt er, athmet schwer,
Und bricht im Schnee zusammen:
Im Herzen stürmte jach ein Meer
Von hochgepeitschten Flammen,
Es barst. Es trieb der Lebensquell
Entfesselt und verkühlte schnell. —
Die wilden Naturen, sie traben heran,
Beschnauben am Boden den eisigen Mann,
Der Tod — sie fliehen eilig —
Den Thieren ist er heilig.

Jadwiga, suchtest früh und spat
Den Freund im Säulenhause,
Nun endlich war er Dir genaht
Ein Sohn der niedern Klause,
Das Kind aus fürstlichem Geschlecht
Verstand allein der schlichte Knecht.
Er konnte von hinnen auf hurtigem Pferd,
Sich Theurem erhalten am heimischen Herd —
Er ist getreu verblieben:
Sein Leben für sein Lieben!

Neunter Gesang.

Laß Mutter mir Dein Angesicht!

~~~~

Den Rappen schlägt die bange Frau,
Er säumet fort zu traben;
Im Tannenwald umweht es rauh
Den halberstarrten Knaben;
Sie hüllt den zarten wärmer ein
Sie haucht ihm an die Wängelein:
„Laß wogen die Lüfte, du theuerstes Herz,
Es lernt ja geduldig noch herberen Schmerz
— Gott will's — in frühen Tagen
Ein polnisch Kind ertragen!"

Sie will im tiefsten Seelenharm
Das Kind vom Schlitten heben,
Die süße Last im Mutterarm
Zu Fuß in's Weite streben —
Da schnaubt der Rappe, spitzt das Ohr,
Behende ringt er sich empor,
Und schüttelt die Mähnen und scharrt mit dem Huf,
Er horchte betroffen dem heiseren Ruf,
So nun im Wald erschollen,
Er kennt den schreckensvollen.

Der Schlitten fliegt. Der Knabe spricht:
„Sie bringen Qual und Grausen,
Ach, gute Geister sind es nicht
Die hier im Forste hausen,
Von Deiner Stirne perlt der Schweiß,
Du zitterst, Mutter, bist so weiß!"
""Verbirg Dich im Schlitten, verhülle mein Kind
Den Leib mit Gewändern, sie kommen geschwind,
Es wird vor ihrem Wüthen
Dein liebes Haupt behüten.""

„Laß Mutter mir Dein Angesicht,
Der Sterne Goldgefunkel,
Ich fühle frischen Muth im Licht,
Doch Bangen kriecht im Dunkel." —
„„Wohlan, mein Knabe, klammre Dich
Zum Himmel betend, fest an mich,
Mein Flehen ist müßig! Der Beste dahin!
Es heischt das Verhängniß mit störrigem Sinn
Noch mehr der warmen Herzen!""
Sie ruft's in herbsten Schmerzen.

Vom Pfühle springt sie trotzig auf,
In hochgeschwungner Rechten
Gespannten Hahns den Doppellauf;
Gelöst die reichen Flechten;
Wildprächtig steht sie, wendet stumm
Medusenhaft das Haupt herum;
Die Zügel in linker, in fliegender Hand
So lauscht sie! Gefallen das Zobelgewand,
Die gramgebleichten Mienen
Vom vollen Mond beschienen!

O diese Nacht! Der freche Ball,
Die schwüllen Traumgebilde,
Auf wüster Fahrt die Schauer all,
Der Frost im Schneegefilde,
Des Freundes That, das müde Roß,
In Todesqual der zarte Sproß,
Nach flüchtiger Freude gedoppelter Schmerz,
Von Reue zerrissen das ringende Herz —
Gequältes Weib! Dir kranken
Im Geiste die Gedanken.

Sie stöhnt: "Vernimm den bangen Ton,
Bald kommen an die heißen,
Mit scharfem Zahn, mein Sohn, mein Sohn,
Die Mutter fort zu reißen.
Vermagst Du, prüfe Dich, das Pferd
Zu lenken an den sichern Herd?
Vergebens! Du stürzest, der Schlitten mit Dir!
Und ob ich mich opfre dem bösen Gethier,
Du müßtest doch verderben!"
„„Ich, sterben! Muß ich sterben?""

„Daheime blühn der Knaben zwei,
Wer pfleget sie hienieden,
Wer steht den armen Waisen bei
Wenn ich dahin geschieden?
Fort Höllengeist, der mich verrucht
Mit feiger Klügelei versucht!
Du rasende Seele, genese geschwind,
Das nächste von Feinden geängstigte Kind
Ist jetzt das Einzigeine,
Sein Leben ist das Deine."

„Du Liebster mir, Du meine Lust,
Nun wird Jadwiga schaffen
Verzweiflung in der Mutterbrust
Mit schmetternden Gewaffen.
Umklammre mich, mein Leidgenoß!
Greif aus, greif aus, unselig Roß!" —
Vom barschen Gewehre des Knechtes gescheucht
Entflohen die Thiere, sie kommen gekeucht
Mit blutgewohnter Zunge
Die Wölfin und das Junge.

Sie keuchen an mit wildem Ruf,
Nun auf das Roß verwegen!
Das aber wirft den scharfen Huf
Dem Räuberpaar entgegen;
Im Laufe kämpft das Hinterbein,
Vertilgend schlägt das Eisen drein.
Die sorgliche Wölfin beleckt ihr Gethier,
Das windet sich heulend in toller Begier,
Es will sein krankes Fühlen
Im Schnee des Waldes kühlen.

Doch trotzig rafft das Paar sich auf,
Den edlen Hengst zu fassen,
Da — blitzend kracht der Doppellauf,
Der Tod ist losgelassen.
Das Junge bäumt sich, liegt entseelt,
Die zweite Kugel schwirrt — und fehlt.
Es blutet die Wölfin am Halse gestreift,
Fort sauset der Schlitten vom Pferde geschleift,
Sie merkt es nicht — erschlagen,
Was bang ihr Schooß getragen.

Umkreist ihr hingestrecktes Lieb,
Und klagt dem Mond ihr Leiden,
Den ungezähmten Rachetrieb
In heißen Eingeweiden.
Dem Renner nicht mit scharfem Huf,
Den Menschen gilt ihr Kampfesruf.
Nach stürmt sie dem Feinde, sie raset, sie fühlt,
Was mälig so tückisch ihr Leben zerwühlt,
Was Theures ihr genommen,
Vom Menschen ist's gekommen.

Jadwiga, hastig eilt's herbei!
Hin schleudert sie den Zügel,
Und reckt nunmehr die Linke frei,
Und leiht dem Rappen Flügel,
Und hält den Knaben fest umrankt,
Der lebend kaum im Schlitten wankt;
Mit stockenden Pulsen, der Sprache beraubt,
So ringt er nach Athem. Da kommt es geschnaubt,
Zwei Mütter sind im Kriege,
Jadwiga, siege, siege!

Mit unerschöpfter Löwenkraft,
Die gern zur Huth der Kleinen
Ein starker Gott den Müttern schafft,
Und nimmer wird verneinen:
So streitet das gereizte Weib,
Die Linke schirmt des Kindes Leib,
Zur Axt ist geworden das Feuergewehr,
Es fallen die Streiche beharrlich und schwer,
Die Wölfin krümmt die Glieder,
Und streckt betäubt sich nieder.

Von Neuem jagt das Thier heran —
Noch einen Streich, noch einen —
Umsonst! Unbändig greift es an —
Wer schützt daheim die Kleinen? —
Da sinkt ihr linker Arm! Geschwind
Erfaßt die Räuberin das Kind —
Sie schleppt es am Kleide mit schonendem Zahn —
„Genommen? Gegeben! Ich hab es gethan!"
So tobt zusammen fallend
Das Weib, die Brust zerkrallend.

Zur Stätte, wo das Junge fiel
Die Wölfin trägt den Knaben,
Will am bejammernswerthen Ziel
Am Opfer sich erlaben.
Doch fällt sie öfter, rastet, schleicht
Bis sie den düstern Ort erreicht.
Hin wirft sie die Beute — sie tödtet was kaum
Noch athmet — es lüstet sie nimmer den Schaum
Den rosigen zu saugen —
Sie wendet ab die Augen.

Nun strecket, wo das Junge sank
Die Räuberin sich nieder,
Sie fühlt sich kalt und todeskrank,
Es bluten Haupt und Glieder;
Die Kugel hat den Hals verletzt,
Gedoppelt schmerzt die Wunde jetzt.
Der Taumel des Kampfes, die brünstige Gier
Dem Feind zu vergelten belebten das Thier,
Nun schläft es ein, verendet
Dem Lieben zugewendet.

Unselig Roß, jetzt stürmst du hin
Zu spät auf schnellen Hufen!
Allhier der Hof, und Geigen drin,
Die süß zum Tanze rufen,
Hei Becherklang und Liebesreim:
Der Pächter führt das Bräutchen heim.
Urplötzlich verstummet der selige Scherz,
Die Knechte, sie bringen — und jegliches Herz
Beginnt so bang zu schlagen —
Ein bleiches Weib getragen.

Sie will vom Todesschlaf erwacht,
Im Tann den Knaben holen;
Sie zeichnet wirr die schlimme Nacht,
Den Hochverrath der Polen,
Zwölf Monde nach des Landes Fall;
Die wüste Flucht, die Schrecken all,
Das Opfer des Freundes, das trotzige Roß,
Ein Thier ist zerschmettert vom Feuergeschoß,
Nun muß sie mit dem zweiten
Auf Tod und Leben streiten.

„Am Schlitten springt es wild hinan —
Noch einen Streich noch einen —
Umsonst! unbändig greift es an, —
Wer pflegt daheim die Kleinen?
Da ließ ich gottvergeſſnes Weib
Den Arm von meines Kindes Leib!
Nun ſchleifet ein Meſſer und taucht es in Gift,
Erlöſet! Es fordert die heilige Schrift,
Daß Blut auf dieſer Erde
Mit Blut geſühnet werde."

Sie knieet und betet, fühlt zugleich
Sich wachend und in Träumen,
Gefeſſelt an das Körperreich,
Beschwingt in Himmelsräumen,
Den Geiſt umflort, wie Mondenlicht,
Was ſich in trüben Wäſſern bricht.
Umgeht das Entſetzen im ſchweigenden Haus,
Bekreuzen ſich eilig und weinen ſich aus —
Iſt's wahr? Iſt's Ammenſage?
Doch Keiner führt die Klage.

Zehnter Gesang.

Es fallen mehr der Engel noch!

Mit sanften Blicken, alt und schwank,
Mit Zügen wie von Eisen,
Erhebt sich von der Ofenbank
— Sie nennen ihn den Weisen —
Ein armer Mann. „Dir wäre wohl
In kühler Gruft", beginnt er hohl.
„Wer könnte Dich retten? wer hübe den Bann?
Dir müßte begegnen ein heilender Mann,
In einem Freund und — Richter,
Erlöser und Vernichter."

„Das ist kein Leben mehr, das ist
Ein fortgesetzes Sterben!
Du bist der Welt verloren — bist
Du Mutter noch den Erben?
Es kommt die schwarze Stunde, reißt
In Finsterniß den lichten Geist!
O schweifen und singen mit Nesseln gekrönt,
Ein Püppchen im Arme, bedauert, gehöhnt?
Zuletzt im Weiher enden?
Dein Retter muß es wenden."

„Denn warst Du nicht der Frauen Preis?
Entblößt die Häupter, Polen!
Das Knie gebeugt! Und betet leis,
Und küßt Jadwiga's Sohlen!
Sie hat die Hungrigen gespeist,
Sie schliff der Knechte stumpfen Geist;
Im Namen der Väter, o denen sie traut
Zum Heile der Kinder die Seelen erbaut
Mit Worten und mit Thaten,
Laßt danken uns, Sarmaten!"

„Du warst ein heller Engel, doch
Auch Engel sind gefallen!
Es fallen mehr der Engel noch
Bis die Posaunen hallen.
Du führtest hart in Todesgraus
Das richtet Dich, Dein Kind hinaus.
Vergöttert im Namen der Väter gesammt!
Im Namen der Mütter verworfen, verdammt,
So Du mit Schmach bedecktest,
Verriethest und beflecktest!"

„Ruft einst der Herr: es werde Tag!
Kein Volk wird ihn versäumen,
Ob auch bei frechem Festgelag
Die Herrn den Ruf verträumen:
Doch wähnst Du, daß ein schöner Sang
Von freier Welt, daß barscher Drang,
Daß zürnende Brauen und heimlicher Bund
Zu reifen vermöchten die heilige Stund?
Wir trauen nicht dem Eide
Der Herrn in Sammt und Seide."

„Es liegt das Reich im schweren Bann,
Warum? Ich will es deuten:
Denn nimmer geht der Bauersmann
Vereint den Edelleuten;
Er will vergelten! Harm für Harm!
Nun fehlt zur Waffe wohl der Arm?
Man reizte den Deutschen, — wer spräche nun klug?
Man preßte den Juden, — wer borgt nun genug?
Drum fehlt es aller Ecken
An Geist und Gold und Recken."

„Ruft einst der Herr: es werde Tag!
Kein Volk wird ihn versäumen,
Ob auch bei frechem Festgelag
Die Herrn den Ruf verträumen;
Drum, ob Dein Auge Blut geweint,
Enttäuschung Dir das Herz versteint,
Du mußtest verharren in wildester Nacht,
Unsägliches dulden, des Kindes bedacht!
Der Mutter hat vermessen
Das Polenweib vergessen."

„Wer Dir daheim vor Erdennoth
Behüten soll das Kleine?
Das nächste Kind vom Feind bedroht,
War jetzt das Einzigeine!
Du mußtest sterben für das Kind,
Mit ihm verderben, stumm und blind!
Du lägest verblutet, doch selig im Tann —
Nun müßte Dich heilen ein muthiger Mann,
In Einem Freund und Richter,
Erlöser und Vernichter."

„Er sähe, daß die Riesenschuld
Dein tiefstes Herz vergiftet;
Er dächte nur der Engelshuld,
So Heiliges gestiftet;
Er litte nicht, daß Raserei
Dein grinsender Begleiter sei;
Er schlösse für immer Dein ängstliches Ohr,
Auf, daß es der Mütter entsetzlichen Chor,
Der Bösen Hohn, das Wehe
Der Guten nicht verstehe."

„Ach, nach dem Bruder würden Dich
Daheim die Kinder fragen,
Entfremden rauh der Mutter sich
Dereinst in reifen Tagen:
Es wahre Dein gebrochnes Herz
Der Freund vor diesem größten Schmerz!
Erlösung vom Leben! So hübe den Bann
Und segnete gnädig der strafende Mann!
Dein Leiden muß er stillen,
Und thun nach Gottes Willen."

„Du gleichst der Sonne! Rein und hold
Verbleibt ihr Erdenwallen,
Ob irrend auch ihr Strahlengold
In trübe Flut gefallen."....
Und vor Jadwiga knieet der Greis,
Er weinet still, er betet leis —
Dann — hastig und sicher das Messer gedrückt
In's wogende Herze! — Sie stammelt verzückt:
Erlöser, Dank und Segen!
Mir kommt — mein Kind — entgegen! —

Entsetzen hat das Volk gefaßt;
Er spricht: „Es ist vollendet!
Ich hab geliebt und nicht gehaßt!"
Und spricht zur Braut gewendet:
„Du rufst: es drohe schweres Leid,
Mit Blut befleckt Dein Hochzeitskleid!
Befleckt? O, geheiligt! Dies edelste Blut,
Dich wird es bereichern mit strotzendem Gut,
Sie thürmen Gold in Haufen,
Dies Purpurkleid zu kaufen."

•

„Nun aber folgt gestrenger Pflicht,
Geht hin und holt die Schergen!
Ich zage nicht, ich trachte nicht
Mich feige zu verbergen.
Was Eurer ist, das denkt und thut,
Ich bin verfallen! Blut für Blut!
Sie dankte mir sterbend. Ich fühle mich rein.
Es dürften mich richten die Mütter allein.
Der Miltter ist's zu sprechen:
Gerechte That — Verbrechen!"

„Ihr Mütter hört! Wenn eisig kalt
Der Sturm im Winter schnaubet,
Die Geisterstunde dumpf erschallt,
Der Wolf im Felde raubet;
Wenn Hof und Haus im Weiten sind,
Nach Rast begehrt das zarte Kind —
Sagt, welche von allen vermißt sich zu Nacht?
Ihr schüttelt die Häupter? der Kinder bedacht,
Die warm und schlummertrunken
In Euern Schooß gesunken?"

„Ihr bleibt? Ermeßt es wohl! Ihr wart
Zu frohem Fest geladen:
Nun kommen tückisch, dicht geschaart
Enttäuschung, Spott und Schaden,
Mit Galle hat man Euch getränkt,
An Stolz und Ehre dreist gekränkt!
Entartete Weiber, entfliehet geschwind!
Ihr duldet gelassen? Ihr streichelt das Kind?
Bedenkt Ihr nur das Theure?
Sein Heil, es ist das Eure?"

„Doch ließet Ihr das arge Fest,
Und käm der Wolf gewüthet:
Gedächtet Ihr, wer warm im Nest
Daheim die Sprossen hütet?
Und stürbet nicht in Opferlust
Für dieses Kind an Eurer Brust?
Ihr springt mir entgegen, die Sehnen gereckt,
Mit bebendem Leibe das Liebchen gedeckt —
Nun denn, Ihr habt entschieden!
Mein Herze schlägt in Frieden!"....

Sie schauen bang das Opfer an,
Ist's wahr? Ist's Ammensage?
Und bänger auf den Rächer dann,
Doch Keiner führt die Klage.
Die Schergen fassen barsch den Greis,
Er küßt die Leiche, betet leis:
Nun bist Du geläutert, von Neuem gekrönt!
Die Väter in Zähren, die Mütter versöhnt!
Du banktest! Mein Gewissen
Ist frei von Reuebissen." —...

Elster Gesang.

Das größte Herz mit reinstem Schlag!

~~

Zum Zaaren lief die Kunde schwer,
Es herrscht der hohe Richter:
„Er däucht mir ein Erlöser mehr
Denn blutiger Vernichter;
Doch dem Gesetz vererbt von Ahn
Ist auch der Kaiser unterthan.
Drum will ich gebieten: Verbannet den Greis
— Es gleichet dem Tode — vom heimischen Gleis!
Bald wird ein Höchster sprechen:
Gerechte That — Verbrechen!" —

Man sucht den Knecht im Schneegefild,
Im dunkeln Wald den Knaben,
Sie liegen bei dem Frauenbild
Im Ahnenschloß begraben.
Zaar Nicol ruft ein letztes Glück
Den Waisen rasch den Ohm zurück!
Der hütet die Lieben, der waltet gelind,
Der schirmt des Haiducken verlassenes Kind,
Es wird die Fürstenknaben
Fortan zu Brüdern haben.

Im Reiche läuft die Kunde jach:
Die Gute starb, die Hohe;
Da schaut der Trübe trüber, ach
Und traurig wird der Frohe,
Und Jeder, Jeder beugt das Knie,
Wer führt die Klage wider sie?
Die Väter in Zähren, die Mütter versöhnt,
Sie haben die Todte von Neuem gekrönt
Als Polens Preis und Wonne,
Als Botin der Madonne.

„Das größte Herz mit reinstem Schlag
Geknickt auf Polen's Boden!
Wir saßen frech am Zechgelag
Im Schloß des Wojewoden,
Geliebel, Prunk und Jubelschall,
Zwölf Monde nach des Landes Fall!
Wir haben verschuldet die finstere That,
Es kränkte die Hohe der schnöde Verrath,
Sie floh von Scham geröthet,
Wir haben sie getödtet!"

Sie ziehen auf Jadwiga's Schloß,
Es fehlt kein stolzer Namen,
In Trauerflören, hoch zu Roß,
Die Ritter mit den Damen,
Geloben fromm vor ihrem Bild
Dem Reich zu leben ernst und mild,
O Freunde zu werden dem grollenden Knecht,
Zu läutern ein stumpfes, verthiertes Geschlecht,
Auf, daß es noch gesunde
Will's Gott, in zwölfter Stunde.

Und es beginnt ein tiefes Leid
In jeder Brust zu wogen,
Die Kirche hat das schwarze Kleid
Der Trauer angezogen;
Mit Rosmarin und Flören ist
Der Chor umrankt zu dieser Frist;
Und am Catafalke von Kerzen umflammt
Die polnischen Wappen auf Kissen von Sammt,
Des Adlers Schneegefieder
Es hangt gebrochen nieder.

Der Priester singt mit dumpfem Ton
In weißen Meßgewanden,
Des Küsters goldgelockter Sohn
Er waltet ihm zu Handen;
Und Jeder schluchzt und betet lang;
Die Orgel geht mit ganzem Drang.
Sie knieen in Gottes erhabenem Haus
Am Sarge Jadwiga's und weinen sich aus,
Und haben dort geschworen:
Noch ist Polen nicht verloren!